Karl Sinn

Gestern erlebt – heute erzählt
1887 bis 1979

Herausgeberin Sigrid Nagel

Bibliografische Information der Deutschen Nationalbibliothek: Die Deutsche Nationalbibliothek verzeichnet diese Publikation in der Deutschen Nationalbibliografie; detaillierte bibliografische Daten sind im Internet über www.dnb.de abrufbar.

© 2022 Sigrid Nagel, Kontakt über: birke.elia.milan@gmx.de
Coverfoto © 1970 Hans Nagel, Goldene Hochzeit Karl und Liesel Sinn

Herstellung und Verlag: BoD – Books on Demand, Norderstedt
ISBN: 9783756841066

Inhaltsangabe

Vorwort

Mein Großvater mütterlicherseits wurde 1887 in Ammertsweiler in Baden-Württemberg geboren, vor 135 Jahren. Er war 89 Jahre alt, als er die vorliegenden Zeilen schrieb. Seine Frau Liesel war vier Jahre zuvor an einem Schlaganfall gestorben.

Meine Großeltern habe ich niemals ärgerlich erlebt, weder gegenüber anderen noch miteinander. Sonntags zur Kirche gingen sie Hand in Hand. Als Kind schien mir das selbstverständlich. Heute staune ich darüber und es rührt mich, wie sie sich nach 50 Ehejahren auf dem Titelfoto ansehen.

Ich war Anfang zwanzig und besuchte meinen Großvater in seinen letzten Jahren regelmäßig. Immer wieder staunte ich über die vielen Gesprächsthemen, Meditation war ihm genauso wenig fremd wie Wiedergeburt.

Einmal bedauerte ich in einem Brief, so wenig von ihm zu wissen, so wenig von seinen Erfahrungen profitieren zu können und, dass sein Wissen eines Tages mit seinem Tod verschwinden würde. Daraufhin schrieb er handschriftlich einen Lebensbericht und fügte seine Tagebuchaufzeichnungen von 1945 hinzu.

Zur besseren Lesbarkeit wird das Dokument in der neuen Rechtschreibung wiedergegeben. Sofern Worte in schwäbischem oder hessischem Dialekt verwendet wurden, blieben sie unverändert. Auch wenn mein Großvater zwischen Gegenwart und Vergangenheit wechselte und umgangssprachliche Formulierungen gebrauchte, so blieben auch diese erhalten. Zwischenüberschriften wurden von mir eingefügt, im Original gibt es nur die drei, mit römischen Zahlen gekennzeichneten, Teile. Der Titel „Gestern erlebt – heute erzählt" stammt von ihm.

Sigrid Nagel, Herausgeberin
Wiesenburg/Mark, 23. Oktober 2022

Einleitung

Liebe Sigrid,

ich soll dir etwas aus meinem Leben erzählen. Du schreibst in deinem Brief:

„Wir haben heute keine Zeit mehr und sind viel zu sehr getrieben von dem Bedürfnis, immer mehr und mehr zu kriegen und ja nichts zu versäumen, um dann eines Tages auf das Abstellgleis geschoben zu werden."

Damit hast du in kurzen Worten das ganze Leben gekennzeichnet. Wenn du nun in diesen meinen Aufzeichnungen da und dort ein Körnchen Wahrheit oder einen Lichtblick findest, so will ich Gott dafür danken.

Ich bin mit einem gewissen Bangen an die Aufgabe herangetreten. Aber mit etwas Geduld und Ausdauer schrieb ich dann Tag für Tag etwas dazu.

Rückblickend muss ich nun sagen, dass es mir selbst zum inneren Gewinn wurde, mich ein wenig in die Jugend zurückzuversetzen. Ich weiß, dass Biografien, Lebensbilder, Vorbilder einen großen Einfluss auf uns ausüben.

Karl Sinn
Offenbach am Main, 4. Juli 1976

I. Teil – Ammertsweiler

Ammertsweiler! Eins der vielen kleinen Dörfer im Königreich Württemberg, an der Hauptstraße, die von Heilbronn nach Schwäbisch Hall führt. Du bist meine Heimat, dort bin ich geboren, dort ging ich zur Schule, dort verlebte ich meine Jugend. (Warst du eigentlich schon einmal dort, Sigrid?)

Es geht mir durch den Sinn wie einst dem Freiheitsdichter Moritz Arndt (frei übersetzt): "Da, wo du die Stimme der Mutter zum ersten Mal hörtest, das Antlitz der Mutter zum ersten Mal schautest, die Sonne, den Mond, die Sterne zum ersten Mal schautest, das Bächlein zum ersten Mal rauschen und plätschern hörtest, die Blumen, die Bäume voll Wonne betrachtet hast, da ist deine Liebe, da ist dein Vaterland."

Auch denke ich an den König David, 2. Buch Samuel, Kapitel 23, Vers 15. Seine geliebte Heimatstadt Bethlehem war von den Philistern besetzt. Dort, wo er die Schafe gehütet und dabei seine Freude an der Schleuder hatte, er konnte mit ihr ein Haar treffen, wo er den Löwen und den Bären tötete, als sie ihm Schafe raubten. Ach, was schmeckte doch das Wasser aus dem Brunnen am Tor so herrlich! Und da saßen die Philister drinnen. Da überkommt ihn das Heimweh, oh, ein Schluck Wasser aus dem Brunnen zu Bethlehem! Er fragte seine Männer, die um ihn waren: „Wer will mir zu trinken holen aus dem Brunnen zu Bethlehem?" Drei Männer waren es, setzen ihr Leben ein, schleichen des Nachts durch die feindliche Besatzung, schöpfen Wasser aus diesem Brunnen und brachten es zu David. Da war er so gerührt, dass er es nicht trank. Sollte ich das Blut der Männer trinken, die ihr Leben gewagt haben? Und goss es aus dem Herrn.

Nun zurück zu Ammertsweiler. Eine Gemeinde mit 500 Einwohnern, einem Schulhaus, einem Rathaus. Der Schulmeister verdiente 150 Mark im Monat, der Schultheiß (heißt jetzt

Bürgermeister) bekam für seinen Dienst 150 Mark im Jahr! Er war nur ein paar Stunden in der Woche auf dem Rathaus. Ihm zur Seite stand ein Gemeinderat, gewählt von der Dorfgemeinde. Als Polizisten hatten wir einen Mann, dessen Amtsname lautete „Schütz". Seine Hauptbeschäftigung war wohl das „Ausschellen". Das waren die „amtlichen Bekanntmachungen". Zeitungen gab es keine.

Zu nennen sind noch: Drei Wirtschaften (Gasthäuser), eine mit Metzgerei, eine mit Bäckerei und Spezereiladen[1], eine mit Fuhrbetrieb, zwei Schmiede, zwei Schreiner, ein Schneider, keine Schuhmacher, doch halt, Deinigers Schuhmacher, ein Zimmermann.

Allgemeinzustand: Jeder hatte sein Haus oder wenigstens sein Häusle. Ich kann mich nur an zwei erinnern, die keins hatten. Also Mieter und Vermieter gab es nicht. Die meisten mussten sich von ihrer Landwirtschaft ernähren, die aber selten ausreichte zum Leben. Das Sprichwort ging: zum Leben zu wenig, zum Sterben zu viel. So mussten die Männer sich nach einer Nebenbeschäftigung umsehen.

Unser Vater hat den ganzen Winter über Körbe gemacht aus Weiden, das Stück für 40 – 50 Pfennig. Inhalt für etwa einen halben Zentner Äpfel. Die ganze Sendung verkaufte er jedes Frühjahr an einen Korbwarenhändler in Heilbronn, ein ganz großer Wage voll, mit zwei Pferden nach Heilbronn gefahren. Dafür brachte er rund 120 Mark heim und wir Kinder bekamen bei dieser Gelegenheit eine Rotwurst für 12 Pfennig oder eine Schwarzwurz (Blutwurst) für 10 Pfennig mitgebracht.

Unser Nachbar Fischer, der war schon etwas besser dran, der hatte seine Sach' schuldenfrei, hat aber jeden Winter über Schindeln gemacht.

Dazu hat er jeden Herbst zehn Fichtenstämme im Wald geholt, geschält, dann kurz gesägt, so lang wie ein Dachziegel, denn diese Schindeln wurden zwischen zwei Ziegel gelegt. Da sehe ich sie noch, die Männer, wie sie zu zweien die Säge zogen. Einer hüben, der andere drüben: ritsch-ratsch, ritsch-ratsch, den ganzen Tag von morgens bis abends. Das ging wochenlang so, bis alles kurz gesägt war. Dann wurden diese Klötze gespalten in kleine Stücke und diese wurden dann mit einem sehr starken langen Messer zu Schindeln gespalten. Dann 500 Stück zusammengepackt und so an die Baufirmen der Stadt geliefert. Den Preis weiß ich allerdings nicht.

Andere Männer fanden Arbeit beim Holzmachen im „Staatswald", andere als Steinklopfer zum Straßenbau. Und wer sich nicht nach Arbeit umsah, der hatte auch das ganze Jahr kein Geld.

Denn die Einnahmen eines Bauern bestanden ja darin, dass er ein Schwein oder ein Kalb oder ein Stück Jungvieh verkaufte. Das war aber immer eine Jahres-Einnahme. Daneben konnte er noch Eier und eventuell auch Butter verkaufen. 1 Ei 4 Pfennig, 1 Topf Milch (1 ½ Liter) 15 Pfennig. Ja, und Butter.

Wir, mein Bruder und ich, wurden als mal auf den Markt nach Öhringen geschickt mit Butterbällchen, jedes ein Pfund. Da sehe ich heute noch, wie ein feiner Herr (für uns damals) kommt. „Was kostet die Butter?" „70 Pfennig." „Nein, nein, da kann man kein Butterbrot mehr essen." Er kaufte keine.

Menschen, die man nie vergisst

Nun einiges, das ich überschreiben möchte: „Menschen, die man nie vergisst".

Da ist der Schultheiß Vogelmann. Der war Schultheiß, Metzger, Wirt und Tierarzt. Der wurde da und dorthin geholt, zum Beispiel, wenn eine Kuh am Kalben war und Gefahr bestand, dass das Tier dabei „einging", holte man ihn.

Einmal war der richtige Tierarzt schon da und wie er ihm ein bisschen zuguckte, sagte er: „Net so, Herr Tierarzt, net so." Und brachte dann mit ein paar Griffen das Kalb in die richtige Lage.

Es kam auch vor, dass sich ein Tier überfressen hatte, so dass der Magen zu platzen drohte und das Tier „notgeschlachtet" werden müsste. Da half er ebenfalls. Er stach den Bauch an, so dass die Gase entweichen konnten und das Loch schloss er wieder mit fachmännischer Kunst.

Der nächste: unser Nachbar Fischer. Ein Original. Wie gerne schlüpfte ich in seine Werkstatt hinein zu ihm. Er hatte so viele Werkzeuge, die wir nicht hatten. Und wie konnte er immer unterhaltend erzählen. Er ist 1916 im Ersten Weltkrieg gestorben. Diese Leute, er und seine Frau, hatten immer etwas für uns übrig. Sie hatte immer etwas im Schurz, wenn sie zu uns kam: ein paar Äpfel oder Birnen oder Zwetschgen oder „Hutzel" (getrocknetes Obst). Und wenn der Backofen vor ihrem Haus geraucht hat, ah, das war für uns Kinder ein Signal: Heute gibt's Kuchen; wir hielten uns da immer in der Nähe auf, bis wir unser Stück Kuchen hatten. Oh, wie schmeckte der! Überhaupt war es im ganzen Dorf Sitte: Wer schlachtet, schickt seinen Nachbarn eine „Metzelsuppe", ein Stück gekochtes Fleisch von mindestens einem Pfund und Wurstbrüh.

Streitereien

Andererseits gab es oft auch böse, kleinliche Rechthaberei. Ich erinnere mich: Da kamen wir eines Tages vom Feld heim und konnten nicht in unser Haus hinein. Der Nachbar hatte zwei Pfähle eingezäunt und einen Querbalken vor der Haustür festgenagelt. Da muss ich heute noch meinen Vater bewundern, wie er in ruhigem Ton zu dem Nachbarn sagte: „Na, Christoph, das hast du aber wacker gemacht." Gleich zum „Schulz", Bürgermeister, nauf. Es hat keine Stunde gedauert, da kam der „Schütz" mit dem Befehl: „Sofort wegmachen!" – Der Nachbar hatte durch einen Verkauf erfahren, dass unser Haus zum Teil auf seinem Grundstück stand. Im Grundbuch waren die tatsächlichen Verhältnisse nicht eingetragen.

Solche Fälle kamen öfter vor. Einmal haben zwei Bauern den Geometer (staatlichen Vermessungsbeamten) kommen lassen, wegen Grenzfeststellung zwischen zwei Wiesen. Keiner wollte nachgeben. Und da habe der Geometer dem einen Hartnäckigen gesagt: „Oh, Eisemann, die Erde ist dem Herrn und alles, was darinnen ist. Psalm 24,1."

Also Gut und Böse gab es damals schon überall. Und nun, nach einer kleinen Übersicht über die allgemeinen Verhältnisse, will ich zu unserer eigenen Familie übergehen.

Unsere Familie

Mein Vater, Karl Sinn, geb. 28. März 1852, im Gögelhof aufgewachsen, halbe Stunde nördlich von Ammertsweiler, hatte einen Bruder, später wohnhaft in Neuenstadt, zwei Schwestern, eine im Busch bei Neuhütten, eine in Finsterrot. Der Onkel wurde „Vetter", die Tanten „Bäsle" genannt.

Meine Mutter, geb. 15. Dezember 1851 in Ammertsweiler, hatte noch zehn Geschwister, die ich aber nie alle kennenlernte. Einige gingen nach Amerika, aber ein Bruder und zwei Schwestern waren in Ammertsweiler verheiratet.

Der Bruder Christoph Eisemann, unser Pate (Dotle genannt), bei dem durften wir jedes Christfest und jedes Ostern unser Patengeschenk abholen, später in Finsterrot, wohin er gezogen war. Eine große Brezel oder Weck, Gebäck und Äpfel.

Der hatte sechs Kinder in unserem Alter. Als das kleine ein Jahr alt war, starb die Mutter. Das war ein großer Jammer. Er hat alle sechs allein groß ziehen müssen. Er hat die Landwirtschaft bearbeitet, war Schuhmacher, hat den Haushalt besorgt: Brot gebacken, gewaschen, die Kinder gewaschen und gekämmt und für die Schule fertig gemacht. Ein vielgeplagter Mann! Das war also der Bruder meiner Mutter.

Die in Ammertsweiler verheirateten Schwestern hatten jede etwa zehn Kinder, genau weiß ich es nicht mehr. Von zwei Generationen saßen in unserer Schulbank zwei im gleichen Alter auf der gleichen Bank.

[Hrsg.: Mein Großvater Karl Sinn selbst hatte vier Geschwister. Die Älteste war Sophie, danach kam er, die Jüngste war Minna und dazwischen waren noch Georg und Rösle.]

Das Leben der Kinder

So haben sich die Leute auf ihrem „Gütle" (Acker und Wiesen) herumgeplagt. Vom Morgen bis zum Abend. Die Kinder, außerhalb der Schulzeit, immer dabei. Die Regel war: Vom 6. Lebensjahr an arbeitet das Kind mit. Schulpflichtig waren die Kinder vom 7. bis 14. Jahr. Die Schule war in sieben Klassen eingeteilt. 1. – 3. Klasse war die kleine Schule, 4. – 7. die große Schule.

Die große fing morgens um ½ 7 Uhr an bis ½ 10 Uhr, dann die kleine von 10 – 12 Uhr. Die Schulaufgaben konnten wir abends vorm Dunkelwerden machen, wenn man vom Feld heim kam. Da kochte die Mutter das Abendessen, der Vater fütterte das Vieh. Das Nachtessen, wie wir es nannten, bestand meistens in einer Brotsuppe, dazu Kartoffeln. Die Suppe war manchmal eine Wassersuppe mit Brotschnitten, „geschmelzt" mit Schmalz, die hat uns nicht geschmeckt. Aber wenn Milch hineingeschüttet wurde, das schmeckte. Wenn ich gerade am Essen bin: Morgens Brotsuppe, kein Kaffee, den nur sonntags, für die Schule eine Scheibe Brot (keine Butter oder sonst was drauf), aber das schmeckte. Mittags: Irgendeine Suppe oder geröstete Kartoffeln, manchmal Pfannkuchen, ah, da lachte das Herz. Aber die wurden zugeteilt, sodass wir Kinder in der Meinung waren, Pfannkuchen kann man nie genug bekommen, d.h. sich nie satt essen. Der Lehrer fragte uns als mal, was wir zu Mittag gegessen hätten. Antwort: „Pfannkuchen". Auf die Frage: „Wie viele Pfannkuchen kannst du essen?", antwortete mein Bruder: „20". Ich erinnere mich noch, wie ich mein erstes Honigbrot bekam, ich war vielleicht sechs Jahre alt. Unser Nachbar hatte Bienen. Im Vorbeigehen stach mich eine. Mit großem Geschrei rannte ich heim. Der Nachbar hört das und bringt ein Gläschen Honig, davon bekam ich ein Honigbrot, mein erstes im Leben. (Gehungert haben wir nicht gerade, aber wir sind auch nicht gemästet worden). Manchmal gab mir die Mutter eine Tasse „kuhwarme" Milch, direkt vom Melkeimer.

In welchem „Klima" wächst nun ein solches Landkind auf? Das Wort „Klima" entlehne ich dem heute gebrauchten Wort „Betriebsklima". Hier muss ich sagen: Es ist ein Unterschied zwischen Landklima und Stadtklima. Auf dem Land kennt jeder jeden. Es ist deshalb ein allgemeines Vertrauensverhältnis zueinander da. Der Einzelne wird beachtet und geschätzt. Es lebte kein Kind im Dorf, das nicht alle kannten. Das gilt schon vom Säugling, den man noch nicht gesehen hat. Aber man weiß, die oder die Familie hat ein Kind bekommen – und dessen Name weiß schnell das ganze Dorf. Da heißt es dann: Der Sinnekarl, Sinneschorsch, Fischerfritz, Weidners Pauline usw.

Und wenn wir Jungen einem Erwachsenen (Mann oder Frau) auf dem Weg begegneten (Straßen gab's ja nicht im Dorf), zogen wir ehrfürchtig die Mütze vom Kopf: „Guten Morgen". Selbstverständlich wurde der Gruß erwidert. Wer den Gruß nicht erwiderte, den grüßte ich auch nicht mehr. Ergo: Das Kind hat ein Ehr- und Gerechtigkeitsgefühl.

Darum ein guter Rat: Nimm ein Kind ernst! Und – halte deine Versprechen!

Ich erinnere mich eines Vorfalls: Wir, der Vater, mein Bruder und ich, fuhren den Weg entlang, als wir einen Bauern entdeckten, der mit seinen zwei Kühen einen Baum aus dem Wald holte, d.h. auf dem Boden schleifte. Die Kühe packten es nicht, der Stamm war zu schwer. Mein Vater hielt an, spannte unsere zwei Kühe vor seine Kühe und die vier zusammen packten es. Der Bauer bedankte sich und sagte: „Ihr zwei Buben bekommt von mir jeder 20 Pfennig, wenn ich euch sehe". Als wir aus Hörweite waren, sagte mein Vater zu uns: „Von dem bekommt ihr euer Lebtag nichts." Und so war's.

Ein andermal hat mich einer um einen Pfennig betrogen. Ich getraute mich aber nicht, etwas zu sagen. Während ich nun in meinem Leben Tausende verloren habe, im Geschäft, habe ich diesen einen Pfennig nicht vergessen.

Also, tut keinem Kind unrecht. Das sagte auch der Heiland: Wer diesen geringsten einen ärgert, die an mich glauben (d.h. den Glauben an Jesus Christus aus dem Herzen reißt), für den wäre es besser ... lies weiter Matthäus, Kapitel 18, Vers 6.

Bis hierher „Landklima". Das „Stadtklima" ist anders. Da heißt es: Sei vorsichtig, halte dich zurück vor den Menschen. Da kennen sich die Nachbarn nicht. Das konnte ich mir früher einfach nicht vorstellen, aber heute erlebe ich es selbst.

Weiter: Das Kind auf dem Lande wächst naturverbunden auf. Wenn ich oft die Kühe auf der Weide hütete, so hatte ich dabei Muße, mich ins Gras zu legen und die Wolken zu betrachten. Herrliche Bilder zogen da vorüber. In Ehrfurcht schaut man zum Himmel hinauf, über den Wolken wohnt der liebe Gott.

Der Glaube

Sich wundern ist wohl der Anfang vom Glauben. Wir hatten eine streng religiöse Erziehung. Da sind zu nennen: 1. Die tägliche Hausandacht, Bibellesen, Tischgebet, stehend am Tisch, die Hände über die Brust gefaltet, nicht lässig hängen lassen. 2. Bei Nachbar Fischer war jeden Dienstagabend Bibelstunde mit etwa sechs bis zehn Leuten, auch wir Kinder waren dabei. Es war nun leicht erklärlich, dass wir Kinder, die den ganzen Tag auf dem Feld gearbeitet hatten, vor Müdigkeit einschliefen. Das wurde als Sünde gebrandmarkt. 3. Jeden Sonntagmorgen ging's zur Kirche. Bis zu meinem 10. Lebensjahr in die evangelische

Landeskirche nach Mainhardt, später in die Methodistenkapelle[2] nach Neuhütten. Das war uns Kindern ganz lieb, denn unterwegs traf man sich mit anderen, die aus den verschiedenen Himmelsrichtungen von Finsterrot, Hohenstraßen, Kreuzle, Busch strahlenförmig Neuhütten zuströmten. Das waren noch Sonntage! Nachmittags allerdings wurde es langweilig. Da wurde das große „Brastberger Bibelbuch"[3] hervorgeholt und die Predigt für den betreffenden Sonntag daraus vorgelesen. War das eine Qual! 15 Seiten in ein bis eineinhalb Stunden, dabei still sitzen und sich nicht mucksen. Wenn eine Seite umgedreht wurde, schielte man hinein, ob es nicht die letzte wäre. Denn das sah man an der Überschrift für die nächste Predigt.

Wenn nun auch die christliche Unterweisung mit allerlei Fehlern verbunden war, so hatten wir Kinder doch den Eindruck: Unsere Eltern meinen es ernst. Und hatten beim Hinauszug in die Fremde ein Kapital im Herzen, das auch unter anderen Menschen mit anderen Anschauungen standhielt. Nicht vergessen will ich dabei zu erwähnen: Unsere Mutter war eine Beterin von Gottes Gnaden. Manches Mal haben wir sie gesehen, wie sie in der Kammer oder auf dem Heuboden oder in der Scheune auf den Knien lag und betete. Unhörbar, aber die Lippen bewegend. Ich bin überzeugt, ihre Gebete sind erhört worden.

Es fällt mir noch etwas ein, was zeigt, wie die Mutter so sehr gewissenhaft war: Von Zeit zu Zeit fuhren wir durch die näheren Ortschaften, Körbe zu verkaufen, das Stück 50 Pfennig (für 40 bis 50 Pfund Obst Inhalt). Da kamen wir auch zu einem gutsituierten Bauern, der handelte runter auf 45 Pfennig. Weiter zu einer armen Bäuerin: „Was kostet der Korb?" „50 Pfennig". Flugs holte sie ihre 50 Pfennig für den Korb. Nun hat sich die Mutter Gewissensbisse gemacht, dass der Reiche nur 45 Pfennig bezahlte und die Arme 50 Pfennig.

Ein anderer Fall: Die Handwerksburschen-Frage konnte man einfach nicht loskriegen, obwohl der Gendarm (Landjäger genannt) immer hinter ihnen her war. Die Leute gaben aber jedem ein Stück Brot. Da kam nun einer und fragte, ob die Mutter ihm nicht etwas von dem Brot abnehmen wolle? Er hatte alle Taschen voll und war zufrieden, für ein paar Pfennige etliches los zu werden. Wie sie nun auf das Brot blickte, durchzuckte sie der Gedanke: Nein, Gotteskinder sollen kein Bettelbrot essen, damit würden sie ihren himmlischen Vater verunehren, eingedenk des Psalm-Wortes: „Ich bin jung gewesen und alt geworden, und habe noch nie gesehen den Gerechten darben oder seine Kinder nach Brot gehen." Psalm, Kapitel 37, Vers 25. Die Mutter fütterte damit die Hühner.

Hinaus in die Welt

Nach der Schulzeit hieß es dann für alle Kinder im Dorf: hinaus in die weite Welt. Und wir freuten uns, die Welt einmal kennen zu lernen. Während mein Bruder eine Maurer-Lehrstelle in Löwenstein fand (die Lehrstellen waren knapp, oft musste der Lehrling, d.h. dessen Vater, noch zuzahlen), konnte ich mich für keins dieser Art wie Schuhmacher, Schneider, Zimmermann oder ähnlichem, entschließen. Am liebsten wäre ich Kaufmann oder so etwas geworden, aber dazu war keine Möglichkeit. Ich kam durch Vermittlung meiner Schwester Sofie in ein Kaffee- und Schokoladenhaus im Königsbau in Stuttgart. Da habe ich gleich am zweiten oder dritten Tag gespürt, was Heimweh heißt: allein, ganz alleine unter den vielen fremden Menschen.

Andere Menschen, andere Sitten. Zum Beispiel der Karfreitag war daheim der höchste Feiertag, hier wurde gearbeitet wie an einem Werktag. Da meine Schwester Sofie im Haushalt einer Fabrikantenfamilie in Feuerbach war, kam ich später in die Fabrik und war dort bis zum 1. Februar 1913, wo ich dann nach Offenbach übersiedelte.

Bekenntnis zu Gott im Wehrdienst

Ich muss noch etwas erzählen. Von 1909 bis 1911 war ich aktiver Soldat bei der Infanterie in Schwäbisch Gmünd. Ich hatte mir fest vorgenommen, von Anfang an meinen christlichen Standpunkt zu bekennen. Jeder Soldat hatte seinen Kleiderschrank, „Spind" genannt. Die Einrichtung war genau vorgeschrieben: Oben rüber ein Querbrett für Wäsche und Schreibzeug, darunter die Uniform, unten die Stiefel. Bei der ersten Spind-Revision fragte der Unteroffizier: „Was sind das für Bücher?" und deutete auf die Schreibsachen. „Das ist meine Bibel und das ist mein Gesangbuch, Herr Unteroffizier." Er sagte nichts, aber er wusste, da ist einer, der eine Bibel hat.

Anschließend daran, dass ich eine Bibel im Spind hatte, musste ich ja auch die Bibel lesen. Das konnte ich nicht für mich in der Stille tun, denn ich lag in einer Stube mit 40 Mann. (Die Kaserne war ein altes Kloster.) Da heißt es nun, Selbstverleugnung auf sich zu nehmen, wenn man unter 40 der einzige ist, der in der Bibel liest. Aber da ich nie aufdringlich war, wurde ich niemals gestört.

Wir hatten auch eine unorganisierte „Christliche Soldatenvereinigung", etwa ein halbes Dutzend unter 500 im Bataillon. Wir fanden immer wieder ein stilles Plätzchen, wo wir zusammen kamen mit unserer Bibel.

Ehrlichkeit

Es fällt mir jetzt noch eine Begebenheit aus der Jugendzeit ein, die auch zur Klärung einer Frage beitrug, die das Jugendherz bewegt: Eines Tages marschierten mein Bruder und ich nach Sulzbach, das war unser nächster Bahnhof, zweieinhalb Stunden Wegs. Dort mussten die Leute ihre Gepäckstücke selbst abholen. Der Weg führte durch Hohenstraßen, Groß-Erlach und noch ein paar Ortschaften, sie fallen mir jetzt nicht mehr ein. Als wir durch Hohenstraßen marschierten, machte eine Frau das Fenster auf: „Ha, seid ihr Zwilling?", rief sie. Wir waren damals gleich groß, obwohl ich zwei Jahre älter war. Ich war nämlich der zweitkleinste in der ganzen Schule von 60 Kindern. Mein Bruder antwortete prompt: „Ja!" Als wir außer Hörweite waren, sagte ich zu ihm: „Du! Du hast die Frau angelogen, wir sind Brüder, aber keine Zwillinge." Der Bruder: „So, i han gmeint, Brüder seien Zwilling." Als wir heim kamen, erzählten wir das der Mutter. Da sagte sie ein weises, befreiendes Urteil, das ich mein Lebtag nicht vergessen hab': „Wenn der Schorsch (Georg) gemeint hat, Brüder seien Zwilling, dann hat er nicht gelogen."

Offenbach am Main

Jetzt: Wie kam ich nach Offenbach? Das hat mich auch hier einmal jemand gefragt: „Wie kommen Sie eigentlich aus dem schönen Württemberg nach Offenbach?"

Der erste Anstoß kam von der Mutter von Frau Rosa Hörner, geborene Koch, in Neuhütten. Diese traf mich bei einem Sonntagsurlaub vor der Kirche in Neuhütten: „Ha, Karl, du könntscht au als Reisender zu uns nunter komme nach Offenbach."

Nach einiger Korrespondenz hin und her, fuhr ich dann am 1. Februar 1913 von Feuerbach nach Offenbach. Und so ist Offenbach mein Lebens-Schicksal geworden. Ich war nur 15 Jahre daheim und mehr als 60 Jahre hier. Aber die Heimat habe ich nicht vergessen, im Gegenteil, im Alter denkt man gerne an sie zurück.

Über diesen Abschnitt des Lebens ein andermal weiter.

II. Teil – Offenbach

Offenbach – Lederstadt – Portefellerstadt, in Fachkreisen welt-
bekannt, 10 km östlich von Frankfurt, am Main gelegen. Hun-
derte von Portefellgeschäften ohne Kamine. Aber in den
Betrieben reges Leben der „Pappscher", wie sich die Portefeller
nannten[4]. Sie erhielten überdurchschnittlichen Lohn, während
in anderen Branchen der Wochenlohn ca. 40 – 50 Mark betrug,
verdienten die Portefeller 60 – 70 – 80 Mark. Da Offenbach eine
Arbeiterstadt war, war sie auch berüchtigt als „Rote Stadt".
Nach der Revolution 1918 frugen mich die Leute auf dem Land
oft: „Ist's in Offenbach noch ruhig?"

Das sollte also die Stadt werden, in der ich mein Leben verbrin-
gen sollte! Wie schon erwähnt, eineinhalb Jahre Reisetätigkeit
mit Papierwaren: Düten, Metzgerpapier, Packpapier, Schreibwaren, Schulhefte usw. Im Bereich: Spessart, Odenwald, Vo-
gelsberg, Oberhessen, Taunus, Rheinland und so weiter. Bis
zum 2. August 1914 war ich für Hörner und Koch tätig[5].

1. Weltkrieg

Da ging der Trommler durch die Stadt: „Der Kaiser hat das
Reichsgebiet in Kriegszustand versetzt, erster Mobilmachungstag 2. August 1914." Die Leute schauten zum Fenster
hinaus und horchten. Da sehe ich heute noch, wie eine Frau am
Fenster in bittere Tränen ausbrach.

Jeder Soldat hatte in seinem Kriegspass den Tag seiner Einbe-
rufung stehen. In meinem stand: „Meldung am 3. Mobilmachungstag in der Infanterie Kaserne in Darmstadt. Zur gleichen
Zeit wurden die beiden Geschäftsinhaber Hörner und Koch ein-
gezogen.

Von meinem Bruder Georg erhielt ich ein Telegramm, das ich
heute noch weiß: „Dienstag (2. Mobilmachungstag) 6 Uhr Hall,
Adjeu Bruder".

Unsere Mutter war ein viertel Jahr vorher, am 5. Mai 1914, gestorben. Wir in der Familie sagten damals: „Es ist gut, dass unsere Mutter das nicht mehr erleben muss, ihre zwei Buoba in den Krieg."

Den Kriegserlebnissen müsste ich nun einen besonderen Abschnitt widmen. Nur den ersten und den letzten Tag will ich erwähnen.

Am Tag der Verladung mit der Bahn standen wir in Darmstadt „feldmarschmäßig", das heißt alles im Tornister, Tornister auf dem Rücken, Gewehr über der Schulter in glühend heißer Sonne einige Stunden auf einem freien Platz. Der Großherzog und seine Gemahlin schritten die Front ab und verabschiedeten uns. Da hatten schon einige Soldaten einen Hitzschlag bekommen, sie fielen einfach um und mussten von Sanitätern weggetragen werden. Ich dachte, wenn das jetzt schon passiert, was will's dann erst im Krieg werden.

Der letzte Tag, der 11. November 1918. Am Morgen schon ging die Parole durch die Schützengräben: Um 11 Uhr ist Waffenstillstand. Oh, das ist der Tag, den wir alle herbeigesehnt hatten. Es wird 11 Uhr, nichts regt sich, es wir halb 12, wir zählen jetzt die Minuten. Endlich um 12 Uhr ertönt das Trompeten-Signal, das wir im Frieden so oft geübt haben: Das Ganze – Halt! Welch ein Augenblick! Ich knie nieder in ein mannstiefes Granatloch, deren es viele gab, und danke meinem Gott für mein Leben.

Selbständigkeit

Im Januar 1919 nahm ich meine Reisetätigkeit wieder auf. Ich fand auch eine Braut, Verlobungstag war 20. April 1919 in Neuhütten.[6] Und nun kamen die Ereignisse ins Rollen. Ich wollte selbständig werden. Das war schon früher mein Ideal: Selbständig! Nicht sein ganzes Leben fremden Leuten dienen.

Und wenn ich heute zurückdenke, sage ich mir: Ich hatte Courage. Kaufte ein Haus für 85.000 Mark, 20.000 Mark Anzahlung,

20.000 Abzahlung. Dabei kam mir meine Liesel sehr zu Hilfe. Sie hat es besser verstanden als ich, Geld beizuschaffen.

Nach vielen Schwierigkeiten mit dem Wohnungsamt konnten wir dann am 1. August 1920 einziehen und unser Lebensmittelgeschäft eröffnen. Ach so, bald hätte ich vergessen, unsere Hochzeit zu erwähnen. Am 27. März 1920 wurden wir in Neuhütten getraut. Es ist meiner jungen Frau schwergefallen, nach Offenbach zu ziehen. Nicht alleine der Abschied von der Heimat, der Umzug war auch mit allerlei Schwierigkeiten verknüpft.

Der Möbelwagen musste mit der Eisenbahn durch die französische Zone geschleust werden. Die Gefahr einer Durchsuchung durch die französische Besatzung bestand immer. Vorsichtshalber hatten wir daheim in Neuhütten den Möbelwagen mit einer Beige (Wand) Brennholz verschlossen. Da stellt sich der kleine 5-jährige Heiner Koch vor die Tür und sagt: „So, jetzt könne die Franzose neiklotze." Der Wagen stand dann auch tatsächlich drei Wochen lang auf den Geleisen in Frankfurt, bis er von den Franzosen durchgelassen wurde.

So hatten wir auf allen Gebieten einen schweren Anfang. Erstens bis wir in unser Haus einziehen konnten, durch die sture Haltung des Wohnungsamtes, dann bei der Geschäftseröffnung, die schwierige Warenbeschaffung – es war noch Lebensmittelzwangswirtschaft. Dazu kam noch, dass wir eigentlich keine Fachleute waren in der Branche. Wir mussten uns überall durchtasten und durchkämpfen. Ich hörte einmal innen im Laden, wie draußen vor dem Schaufenster einer sagte: „Na, der wird auch bald wieder aufhören." Zwei hatten vorher schon „zugemacht". Ein anderer antwortete darauf: „Nein, das sind ordentliche Leute, die werden's schon packen."

Die Inflation

Die Inflation begann sich nun stark bemerkbar zu machen. Sie sank soweit, dass 1923 1 Billion Mark = 1 Rentenmark[7] war. Die Geldscheine wurden im Eiltempo gedruckt, erst 10.000er, dann 100.000er, 500.000er, 1 Million.

Ich erinnere mich, dass eines Tages ein Kunde kam und ein viertel Butter kaufen wollte. Er legte einen 50-Millionen-Schein auf den Ladentisch. „Na, was haben sie denn da für einen Schein?", fragte ich. „Ich hab noch keinen solchen gesehen. Ich könnte ihnen auch nicht so viel rausgeben." Die Butter hätte vielleicht 1.000 Rentenmark gekostet, genau weiß ich's nicht mehr. Nun zähl mal von 1.000 auf 50.000.000! Versuch's mal!

Ich sagte zu dem Mann: „Gehen sie doch mit dem Schein in ein größeres Geschäft, Kaufhof oder so wo hin, die können ihnen den Schein besser wechseln." Da antwortete der Mann: „Ich will ihnen im Vertrauen sagen, ich lauf' schon den ganzen Morgen herum. Und kann für meinen Schein kein viertel Butter, kein viertel Wurst, kein Brot, rein gar nichts bekommen."

Nun zurück zum Anfang des Geschäfts. Ein Ei: Einkauf 2,20 RM, Verkauf 2,30 RM, also grad mal 5% Verdienst. Ein Pfund amerikanisches Schweineschmalz Einkauf 16,00 RM, Verkauf 16,50 RM. Irgendein deutsches Fett gab es nicht. Das amerikanische Schmalz musste durch die Besatzungsgrenze der Franzosen geschmuggelt werden. Die Bauern fuhren auf ihr Feld hinaus und kauften von der französischen Besatzung amerikanisches Kistenschmalz und brachten es versteckt unter Gras oder Klee oder Mist oder leeren Jauchefässern ins Dorf zurück. Die Händler ergatterten auf diese Weise immer wieder eine Kiste mit 50 Pfund Schmalz.

Es war fast nichts da, was man hätte kaufen und wieder verkaufen können. So kaufte ich eben in der Stadt so allerlei zusammen. In einem Ladengeschäft in der Bieberer Straße kaufte ich 20 Pfund Erbsen, dann wieder 20 Pfund Bohnen. Und als ich wieder Erbsen holte, sagte der Inhaber: „Sie verkaufen ja mehr als ich.“

Das Schlimmste dabei war, dass man das, was man heute verkaufte, morgen nicht mehr für dasselbe Geld einkaufen konnte.

Dabei gab es immer noch Kunden, die versuchten zu pumpen Das ist ein Kapitel für sich!

Mit vielen Raffinessen suchten sie einem das Geld aus der Tasche zu ziehen. Gleich am Anfang kam ein Mann hinten zur Glastür (Wohnungstür) herein, breitet eine Wolldecke auf dem Boden aus. „Was wollen Sie mit der?“ „Die lasse ich Ihnen da, als Pfand, können Sie mir nicht 200 RM geben?“ „Lieber Mann, wenn Sie meine Schulden hätten, kämen Sie nicht zu mir nach Geld.“

Dann kam wieder einer, der wollte eine Versicherung abschließen. Er hatte annonciert, er könne Geld beschaffen. „Ja lieber Mann, Sie wollen Geld von <u>mir</u>? Das wollte ich doch von Ihnen haben!“

Nun, so haben wir Jahr um Jahr, Tag für Tag geschafft, geschafft, geschafft und in 40 Jahren alle Schwierigkeiten überwinden können, mit Gottes Hilfe.

An dieser Stelle muss erwähnt werden, dass wir unseren christlichen Grundsätzen treu geblieben sind. Sonntagsverkauf! Ja, das war auch so eine Unsitte. Ich ließ ein Emaille-Schild an die Glastür anbringen – <u>Sonntags wird nicht verkauft</u>. Sie kamen doch.

Für uns selbst haben wir an dem Grundsatz festgehalten, sonntags im Laden nicht zu arbeiten, der blieb verschlossen. Und ich bin heute dankbar dafür, dass wir das konsequent durchgeführt haben.

Die Kinder

Am 3. Februar 1921 wurde unser Werner geboren, daheim, in der Senefelderstraße 47. Er war ein kräftiger Junge von 8 Pfund und 50 Gramm. Gleich in den ersten paar Minuten steckte er drei Finger in den Mund. Zeigefinger, Mittelfinger, Ringfinger. (Probier's mal!)

Nach zwei Jahren, am 26. April 1923, wurde sein Bruder Walter geboren. Er hatte seinen Bruder an Gewicht noch etwas übertrumpft: 8 ¼ Pfund.

Der Dritte, der Friedel, war von Anfang an etwas schwächlich. Er vertrug die Milch nicht, dazu kam eine Keuchhusten-Epidemie in der ganzen Familie. Mit einem viertel Jahr hat es ihn gepackt. Der Keuchhusten dauerte neun Wochen. So hat er ein halbes Jahr <u>nach</u> seiner Geburt nur ein halbes Pfund mehr gewogen als <u>bei</u> seiner Geburt: 8 ½ Pfund. An seinem Bettchen stehend, hob ich einmal sein Ärmchen in die Höhe, beim Loslassen fiel es kraftlos wieder auf's Bett zurück.

Das Vierte – na, das wird doch ein Mädchen sein! Es war ein Bub! Unser Karl Rudolf ist am 26. April 1927 im Städtischen Krankenhaus in Offenbach geboren. Am selben Tag wie sein Bruder Walter, nur vier Jahre später. Also, dieses Brüderchen hat nun der Walter zu seinem Geburtstag bekommen. Da fühlte er sich besonders bevorzugt.

Am 30. August 1931 morgens um halb 6 Uhr: „Schnell, schnell, die Blase ist schon geplatzt, das Wasser ist schon fort." Mit Auto in die Grein'sche Klinik in die Frankfurter Straße. Da pendle ich nun, Stunde um Stunde, hin und her vom Krankenhaus zur Wohnung, es war Sonntag. Endlich um 2 Uhr mittags sagt die Schwester: „Sie können reinkommen." Noch ganz matt sagt die Mutter: „Es ist ein Mädchen." Eure Mutter, liebe Sigrid, war geboren.

Nun könnt Ihr Euch denken, dass in einem Haus mit fünf Kindern Leben herrscht.

Nierenoperation

Eine schwere Zeit kam, als die Mutter, Eure Oma, ins Krankenhaus zu einer Nieren-Operation musste. Eine Niere, die rechte,
wurde entfernt. Unsere Edelgard, Eure Mutter war vier Jahr alt.
Vom Krankenhaus heim, war ihr wichtigster Gedanke: Eis! Eis!
Oh, kindliche Einfalt! Du hast noch keine Ahnung von der wahren Situation.[8]
Eure Oma hat nun von 1935 bis 1972, also 37 Jahre, mit <u>einer</u>
Niere gelebt. Und, wie ihr sie in Erinnerung habt, war sie immer
tatkräftig. Es ist wie ein Wunder.

Alltag

Jetzt fällt mir ein spaßiges Erlebnis ein: Ein Schokoladen-Reisen-
der gibt mir ein paar Schokoladen-Würfelchen als Muster: „Da,
für Ihre Kinder!" Ich erwiderte: „Die langen aber nicht, da müssen Sie schon ein paar dazulegen." „Wie viel Kinder haben Sie
denn?" „Ich hab' vier Buben und jeder hat eine Schwester." Da
zählte er weiter bis auf acht Schokoladen-Würfelchen. Beim
Verabschieden fragte er nochmal: „Haben Sie wirklich acht Kinder?" Und das war ein Mann mit 60 Jahren.

Die Sonntage waren immer ein Erlebnis für uns. Schon der Morgenkaffee war eine Freude. In der Mitte des Tisches stand eine
große Platte, hoch aufgetürmt die schon zurecht geschnittenen
Stücke Kuchen. Sieben Personen, manchmal acht oder neun,
wenn die Oma und der Opa Scholl noch dabei saßen am Tisch.
Es war nun interessant zu sehen, wie der Kuchenberg weg-
schmolz wie der Schnee von der Sonne, bis jeder sein erstes
Stück Kuchen hatte.

Einmal passierte es: Friedel nahm das erste weg, biss hinein,
holte es wieder aus dem Mund und lässt den Mund offen stehen. Was war passiert? Die Mutter hatte den Kuchen statt mit
Puderzucker mit Hirschhornsalz bestreut.

Nach dem Morgenkaffee ging die ganze Familie geschlossen in die Kirche. Am Nachmittag ging es per Rad über die Rosenhöhe durch den Wald nach Gravenbruch. Unterwegs eine Rastpause im Wald, wo die mitgenommenen belegten Brote verzehrt wurden. Auf dem Gravenbruch da war es gemütlich. Da grasten noch die Pferde und Kühe auf der Wiese. Zum Essen gab's für jedes ein Butterbrot mit Handkäse und eine Limonade. Oh, wie das schmeckte! Ja, das waren noch Zeiten, einfach, idyllisch und interessant! Heute ist das alles verpfuscht. Die Autobahn Frankfurt – Würzburg durchschneidet den Waldweg. Der Gravenbruch ist ein feines neuzeitliches Gasthaus, nein, Hotel, geworden. Keine Spur mehr von der Gemütlichkeit von damals.

2. Weltkrieg

Es kam der 2. Weltkrieg. Auch über ihn sollte ein besonderer Bericht geschrieben werden. Ich will nur seinen Anfang und sein Ende erwähnen.

Am 3. September 1939 marschierten unsere Truppen ohne Kriegserklärung in Polen ein. Am 8. Mai 1945 war Waffenstillstand. Unser Karlchen war bei Kriegsausbruch damals 12 Jahre alt, unsere Edelgard acht Jahre.

Wer hätte gedacht, dass der Karl noch in den Krieg müsste? Doch, wie erwähnt, müsste ich über die Kriegserlebnisse einen besonderen Bericht schreiben. Hier will ich nun einen größeren Zeitraum überspringen.

Ruhestand

Am 1. Dezember 1960 gingen wir, Oma und ich, in den sogenannten Ruhestand. 40 Jahre hatten wir also das Geschäft betrieben. Gott schenkte uns noch 12 Jahre gemeinsamen Lebens, bis am 24. April 1972 meine liebe Liesel, Eure Oma, starb. Sie hatte sich bei Lebzeiten mit allerlei Problemen befasst, die eigentlich gar keine waren. Da konnte sie als mal sagen: „Ich möchte nur wissen, wer <u>unser</u> Grab mal pflegt." Ich erwiderte: „Da machst du dir unnötig Sorgen." Wenn sie heute sehen würde, wie schön das Grab gepflegt ist, wäre sie zufrieden.

Das andere wichtige Problem, von dem sie zu mir sprach: „Du kannst dir nicht <u>alleine</u> helfen, deshalb muss ich dich überleben. Ich möchte bloß wissen, wie dir's geht, wenn ich nicht mehr da bin?" Ich sagte zu ihr: „Wir wissen ja nicht, wer zuerst stirbt; aber sollte ich einmal allein sein müssen, so vertraue ich meinem Gott, dass er mich durchbringt. Ich hab' mein Lebtag Brot zu essen gehabt und werde es auch dann haben."

Zusammenfassend muss ich im Rückblick auf meinem Lebenslauf bekennen: Es ist rührend, wie mein Gott mich immer zur rechten Zeit die rechte Entscheidung treffen ließ. Der Hauskauf und der Grundstückskauf in direkter Nähe betrachte ich immer als ein direktes Geschenk meines Gottes.

Es war der letzte Tag, an dem ich die Möglichkeit hatte, das Grundstück Liebigstraße 10 mit 1.057 qm zu erwerben. Herr Goll, der es für seine Mutter Klara Goll verwaltete, setzte den Kaufvertrag auf, übergab ihn seiner Mutter zur Eintragung ins Grundbuchamt, reiste am nächsten Tag ab zu einer Kur nach Württemberg. Er hatte eine Hänge-Niere, wie man sagte. Nach ein paar Tagen starb er dort.

Da ging's mir wirklich durch den Sinn: der letzte Tag! Ganz zu schweigen von dem Wert. Ist es heute noch, nach 23 Jahren, ein beruhigendes Gefühl, wenn ich vormittags herüber gehe in <u>meinen</u> Garten, um ein paar Stunden darauf zu arbeiten. Da denke ich manchmal: Mein Gott, du hast mir dieses Grundstück geschenkt.

Vom Geben

Des Weiteren geht mir oft durch den Sinn, dass ich in meinem ganzen Leben nie ein von anderen abhängiger Mensch war. Ich hatte immer etwas zu geben. Beim Militär, dem Kameraden, dem sein Brot nicht langte, etwas von meinem abgeben, weil's mir reichlich langte. Meine Rauchwaren verschenkte ich alle. Im letzten Kriegsjahr 1917 – 1918 wurde auch bei den Soldaten Brot gespart, bei der Zivilbevölkerung war es der Rüben-Winter 1917.

Ein Kamerad sagte zu mir: „Ja, du bekommst als mal ein Paket von zuhause, ich bekomme nichts. Ich habe immer Hunger." Dem antwortete ich: „Wenn wieder ein Päckchen kommt, bekommst du auch etwas davon." Das habe ich eine ganze Zeit lang so gehalten.

Auch mit dem Geld konnte mancher nicht haushalten. In der vordersten Front hatte man überhaupt keine Gelegenheit seine Löhnung, alle 10 Tage 5,30 Mark, auszugeben. Aber manche waren eben immer pleite.

Einmal sagte einer, dem ich 4 Mark geliehen hatte: „Ich wollte, du hättest sie schon wieder." Es war eine Vorahnung, er ist bald darauf gefallen. Ich dachte an sein Wort.

Aber jetzt bin ich doch ins Kriegsgeschehen hinein gekommen, was ich nicht wollte. Vom Geben wollte ich erzählen.

Und wenn ich heute noch jemand eine kleine Freude machen kann, und wär's nur ein Täfelchen Schokolade, so bin ich selber der Beschenkte.

Ist nicht ein lachendes Kinder-Antlitz ein großer Lohn?

Wenn ich nun heute in meinem hohen Alter, 89 Jahre, meditiere (darüber nachsinne), so komme ich immer und immer wieder zu dem Bekenntnis, Gott steht zu seinen Verheißungen: „Ich will Euch tragen bis ins Alter und bis Ihr grau werdet, ich will es tun, ich will heben und tragen und erretten. Jesaja, Kapitel 46,Vers 4.

Ja, Gott meint wirklich, was er sagt.

Ich habe keine Ernährungsnot,
ich habe keine Kleidernot,
ich habe keine Wohnungsnot,
ich darf die Zuneigung vieler Menschen erfahren.
Und das Beste ist:
Ich habe keine Sterbensnot:
„Tod, mein Hüttlein kannst du brechen,
aber du hast nichts zu rächen,
meine Schulden sind gebüßt."

So ist der Tod Eingang in den zweiten Teil unseres Lebens, das Gott bereitet hat denen, die ihn lieben.

III. Teil – Das Jahr 1945 (Tagebuch Karl Sinn)

Gedanken eines Vaters und einer Mutter, denen zwei ihrer Söhne gefallen sind.

Der 2. Weltkrieg hatte am 8. Mai 1945 mit der Kapitulation der deutschen Wehrmacht sein Ende gefunden.

Auch wir warteten, wie so viele deutsche Familien, auf die Heimkehr unserer vier Söhne aus dem Krieg, das heißt aus der Gefangenschaft, der ja kein deutscher Soldat entgehen konnte.

Wir waren in dieser Erwartung frohgemut und getrost, sagten wir uns doch, dass sie, nachdem Gott sie durch alle Gefahren des Krieges die ganzen Jahre hindurch bewahrt hat, sie auch die letzten Wochen des Krieges überstanden haben werden.

Nicht lange nach der Kapitulation, am Pfingstsonntag, 20. Mai, kam auch schon unser Werner nach Hause. Er hatte sich mit einem Transport schwerkriegsversehrter Offiziere durch ganz Deutschland durchgearbeitet. Damit war nach unserer Meinung ein guter Anfang gemacht für die erwarteten Heimkehrer der Familie. Es verging nun Woche um Woche ohne irgendwelche Nachricht von den andern.

Eines Tages, so Ende Juni, kommt ein Kamerad von Walter, er heißt Kurt M. aus Berlin und fragt, ob Walter schon zuhause wäre. Von ihm erfuhren wir, dass Walter am 22. April schwer verwundet wurde, Bauchschuss von einem „Jabo" bei einem Angriff auf den Flugplatz in Laupheim bei Ulm. Er liege im Lazarett in Laupheim, habe aber die Operation gut überstanden.

Natürlich trachteten wir nun danach, ihn zu besuchen. Dem stand aber entgegen: 1. Das Reiseverbot der Militärregierung von einem Kreis in den anderen. 2. Das völlige Lahmliegen aller Transportmittel, einschließlich Eisenbahn. 3. Die Unmöglichkeit einen Pass zu bekommen in das französisch besetzte Gebiet.

Auf der Suche nach Walter

Ende Juli unternahm ich die Reise auf gut Glück. Von Offenbach bis Heilbronn fuhr ein Lastwagen von Salzweber, dort Salz zu holen. Außer mir und meinem Fahrrad fuhren noch ca. 20 Leute mit.

Von Heilbronn mit dem Fahrrad über Weinsberg, Wilsbach nach Ammertsweiler. Dort erfuhr ich von meinem Bruder die traurige, niederschmetternde Nachricht, dass Walter gestorben sei. Fassungslos stand ich da. Es wollte überhaupt nicht an mich gehen. Ich wollte es nicht wahrhaben, besonders da ein anderer Kamerad von Walter im Juni noch Grüße bestellen ließ und er hätte es gut überstanden.

Doch aus dem Brief von Waltraud aus Kornwestheim, der mir nun vorgelegt wurde, ersah ich dann alle Einzelheiten. Waltraud und Dora waren acht Tage zuvor dort gewesen und waren an seinem Grab.

War das eine Nacht, die ich jetzt verbrachte! Da wiederholte sich, was schon andere vor mir durchlebe haben! „Ich netzte mein Bett mit Tränen."

Aber ich wollte nun doch selbst hinfahren, um Näheres zu erkunden. Also mit dem Fahrrad von Ammertsweiler nach Kornwestheim. Dort erkundigte sich Waltraud, die an der Bahn angestellt ist, nach einem Güterzug, der nach Untertürkheim fährt.

In Untertürkheim, da wimmelt's wieder von Menschen. Einer will wissen, dort drüber im Gleis 6 soll ein Güterzug abfahren, ein anderer erzählt was anderes. Einer rennt dem andern nach, über die Gleise hinüber, keiner weiß wohin. Endlich kommt eine gute Nachricht: „Dort", und er zeigt auf einen Bus, „der fährt bis nach Ulm." Ich finde einen Platz und fahre bis Ulm.

Am Bahnschalter dort wollte ich eine Fahrkarte bis Laupheim. Dazwischen liegt aber die Grenze der amerikanischen und französischen Besatzungszone. Also, keine Fahrkarte nach Laupheim.

An der Grenze einen halben Tag festgehalten mit hundert anderen. Gegen Mitternacht kommt ein Zug aus Laupheim zurück, die Franzosen schickten die aus amerikanischen Besatzungszone wieder zurück. Und in diesem Gewimmel von Menschen konnte ich mich unter die Leute hinein schmuggeln, die wieder zurück nach Laupheim mussten.

Also Laupheim war erreicht, noch ein paar Stunden auf dem Bahnsteig auf kaltem Beton geschlafen, bis um 6 Uhr die Straße freigegeben wurde. Mein erster Gang war zum Friedhof.

Auf dem Friedhof

Sind das Gefühle beim Betreten des Friedhofes! Man geht die Reihen Kreuze durch und denkt bei jedem, das könnte es sein, man erschrickt bei jedem.

Da, als ich etwa 15 – 20 durchgegangen bin, da steht eins:

Walter Sinn.

Walter, Walter, hier liegst du? Ach, ich halte Zwiesprache mit dir, hier sollst <u>du</u> liegen? Vor ein paar Wochen noch warst du gesund und munter mit lachendem Gesicht bei uns daheim. Die Mutter hat dir jetzt so einen guten Kuchen gebacken und mir mitgegeben. Wie gerne würde ich dir jetzt einen Bissen in den Mund schieben! Und wie gerne würde ich dir Grüße von daheim bestellen! Und nun kann ich gar nichts für dich tun. Ach, was soll ich sagen oder denken? Ist das möglich, dass wir dich nicht mehr sehen sollen, dass du kein Wort mehr mit uns sprichst? Ach du junges Leben! Hier liegst du im Grab?

So bin ich dann eine halbe oder eine Stunde, ich weiß es nicht, am Grab gestanden und habe Zwiesprache gehalten.

Ich zeichne das Grab und die umliegenden Gräber in mein Notizbuch. Gehe zum Gärtner, um einen Blumenstrauß zu holen, und die weitere Pflege des Grabes zu veranlassen. Dann zum Schreiner wegen einem besseren Kreuz. Die Kreuze bestanden alle aus rohen, ungestrichenen Latten und darauf der Name geschrieben. Dann zum Pfarrer, der Walter beerdigt hat. Er war nicht zuhause. Ich hätte gerne seinen Leichentext gewusst. Dann zum Fotograf und zweimal ins Krankenhaus, wo Walter gestorben ist.

Im Krankenhaus

Schwester Adriane hat Walter gepflegt. Ich sagte ihr gleich, dass ich schon wisse, dass Walter gestorben ist. Sie ist sichtlich ergriffen, erzählte mir einiges von Walter. An seinem Geburtstag, 26. April, haben sie ihm einen Geburtstags-Tisch bereitet. Zu trinken wünsche er sich einen Eierwein, das hat er immer so gern getrunken. Nachdem es der Arzt erlaubt hatte, bekam er ihn. So sei er an diesem Tag noch ganz munter gewesen und alle hätten ihn über dem Berg geglaubt.

Am 30. April morgens hätte sie zu ihm gesagt: „Ich weiß nicht, Herr Sinn, sie gefallen mir heute gar nicht. Sie sehen so blass aus. Was ist ihnen denn?" „Ja", sagte er dann, „mein Leib tut mir auch heute so weh." Der Arzt stellte dann innere Blutungen fest. Er gab Spritzen fürs Herz.

Am Abend schickten sie dann nach dem Pfarrer, der aber nicht kommen konnte, weil ab 7 Uhr abends Ausgangssperre war. Die Feindbesatzung war erst drei Tage zuvor erfolgt.

Die Schwester frug dann Walter, ob sie mit ihm beten dürfe. „Ja!", er war sofort bereit, faltete die Hände und folgte mit innerer Teilnahme dem Gebet. Nachher schaute er sie lange an und fragte, ob sie meine, dass er sterben müsse. Sie sagte ihm: „Man muss mit allem rechnen, es wird eben immer schlimmer." Walter sagte: „Um mich ist es mir ja nicht, aber um meine Eltern." Abends dreiviertel 10 Uhr ist er ruhig eingeschlafen.

Nach diesem Bericht der Schwester sprach ich noch mit dem ihn behandelten Arzt, Dr. Post. Er sagte, nach der Einlieferung hätten sie wenig Hoffnung für ihn gehabt, aber nach der Operation, die er dank seiner kräftigen Natur gut überstanden hätte, stieg die Hoffnung, ihn durchzubringen. Es hätten sich aber nachher innere Blutungen eingestellt, die zum Tode führten. Er stellt fest: Leberriss und Darmverletzung. Sie hätten sonst alle Bauchverletzungen durchgebracht, dies sei der einzige Todesfall gewesen.

Ich nehme dann auch noch seine Hinterlassenschaften in Empfang, verlasse das Krankenhaus und zugleich auch die Stadt, marschiere von 1 Uhr mittags bis 9 Uhr abends bis Ulm, 28 km, wo ich auf dem Bahnhof auf einen Güterzug warte. Ich eile, bis zum Sonntag nach Hause zu kommen, denn mit einer solchen Nachricht möchte ich nicht zur Geschäftszeit kommen.

Der Schmerz der Eltern

Voller Vertrauen empfängt mich die Mutter. Aber es nutzt nichts, Umschweife zu machen. Ich muss ihr gleich sagen: „Der Walter ist gestorben." Oh, was ein Schlag für ein Mutterherz!

Dieses Wehgeschrei gellt mir heute noch in den Ohren. Sie rast durch die Zimmer, setzt sich auf den Bettrand nieder, weint, schreit, klagt, untröstlich. Es ist ein Schwertstich durch die Seele einer Mutter.

Sie zu trösten ist ganz unmöglich, wertlos, ja, jetzt in dieser Stunde gänzlich verfehlt. Das einzig Richtige ist: „Lass die Tränen ruhig fließen." Das gibt nach einigen Stunden eine Erleichterung und Entspannung und Beruhigung des Gemütes.

In diesem Zustand nun ist alles vernebelt und verschwommen, man kann nicht mehr klar denken.

Die Dinge umher interessieren nicht mehr, man lebt in einer anderen Welt. Und doch schreit das Herz nach Hilfe. Trost könnte allein die Wiedergabe des Verstorbenen bringen. Alle Anteilnahme von Menschen prallt ab am schmerzerfüllten Herzen. Ja, manche Beileidsäußerungen werden als Beleidigung empfunden. Denn wie kann ein Mensch, dem ich kaum die Trauerbotschaft mitteile, in rascher Handbewegung und schnellen Worten, die Beileid ausdrücken sollen, innere Anteilnahme an meinem Schmerz haben? Viel ehrlicher und wahrer ist die Anteilnahme desjenigen, der vor lauter Schreck kein Wort sagen kann und mir stumm die Hand drückt.

So sagte mir jemand nach etlichen Tagen: „Gelt, Sie sind mir nicht böse, dass ich Ihnen nicht kondoliert habe, ich konnte vor lauter Schreck kein Wort herausbringen."

Die Tage und Wochen gehen dahin. Das Leben verlangt wieder sein Recht. Aber alles ist überschatten von dem einen großen Leid. Man tut seine Arbeit mechanisch, aber nicht mit innerer Lust und Liebe. Der Markt des Lebens geht ohne Erbarmen weiter. Schon auf der Reise musste ich an das Wort denken: „Inwendig Leid – auswendig Streit." Keinerlei Rücksicht oder menschliches Empfinden von Seiten der Behörden oder Besatzung. Und trotzdem überwindet man alle diese Schwierigkeiten oder auch Schikanen leichter als sonst, weil diese Dinge alle hinter dem großen Leid zurückstehen.

Jeden Abend nun sitzt die Mutter vor dem Bild ihres Walters und lässt die Tränen fließen. Ich liege Nacht für Nacht lange wach im Bett und sinne, sinne: Ist das nun der Zweck und Sinn des Lebens, dass die Jugend, die blühende Jugend, zuerst sterben muss? Sie fängt gerade erst richtig an zu leben, ist voller Lebenslust und Lebensfreude, ist knapp fertig mit der Berufsausbildung. Jetzt könnte er anfangen, seinen Beruf auszuüben. Er hat den ganzen Krieg überstanden und jetzt, da schon jeder Kampf aussichtslos war, muss er noch sein Leben lassen.

Ich ringe, ringe mit meinem Gott: Ist denn keine Hilfe aus diesem Widersinn des Lebens? Wo ist ein Ausweg, wo ist Trost?

Das Beten will keine Gestalt gewinnen, logisches Denken ist unmöglich. Die Hinneigung des Herzens zu Gott vermischt sich mit dem Schmerz und dem Leid. So besteht das Beten nicht in etwas Bewusstem, Klaren, Zielstrebigem, sondern mehr in Seufzen. Es droht die Gefahr des Apathischen, Teilnahmslosen. Und doch ringe ich mich immer wieder zu der Bitte durch: Herr, ich will an diesem Leid nicht teilnahmslos vorübergehen. Ich will es auf mich einwirken lassen, denn dazu hast du es gesandt.

Wie heißt es doch in Gottes Wort: „Mein Sohn, <u>achte nicht gering</u> die Züchtigung des Herrn und <u>verzage nicht</u>, wenn du von ihm gestraft wirst." Da sind zwei entgegengesetzte Gefahren genannt. Stoisch sich darüber hinwegsetzen und apathisch alles laufen lassen, das hieße Gottes Schickung gering achten. Oder aber unter der Last zerbrechen, alle Hoffnung aufgeben, Glauben und Vertrauen wegwerfen und verzagen. Dann wäre der Zweck des Leidens verfehlt. Also: Trage Leid, sei traurig, weine, klage, lass die Tränen ruhig fließen.

Aber behalte die Hoffnung im Herzen: Es ist Gottes Vaterherz, das mir dieses Leid geschickt hat. Und einst wirst du's sehen, wie er's gemeint hat. Noch kann ich nicht von ganzem Herzen sagen: Der Name des Herrn sei gelobt. Aber ich weiß: Der Herr hat's gegeben, der Herr hat's genommen.

In diese Zeit der Trauer fällt nun noch ein weiterer Schrecken: Der Bürgermeister von Oßmannstedt, Kreis Weimar, schickt im Oktober 1945 ein Schreiben: „Ich muss Ihnen leider mitteilen, dass Ihr Sohn, das Kanonier Karl Sinn, am 11. April 1945 bei den Kämpfen um Oßmannstedt gefallen ist. Teilen Sie mir bitte mit, ob Ihre Adresse noch richtig ist, damit ich Ihnen die Hinterlassenschaft zuschicken kann."

Diese Nachricht hat die Mutter zuerst in die Hände bekommen. Ich komme von der Stadt heim und sehe, dass das Geschäft geschlossen ist. Was ist da passiert? Schon im Hof höre ich wieder das Geschrei der Mutter, wie damals beim Walter. Ich eile, die

Glastüre zu öffnen. „Was ist denn los?" „Der Karl ist gefallen. Da ist das Schreiben."

Oh, du böse entsetzliche Nachricht. Soll das wirklich wahr sein? Kann das stimmen? Wir haben doch vor einigen Wochen einen Zettel mit unserer Adresse von deiner Hand geschrieben bekommen.

Diese Adressen seien im Gefangenenlager in Ebensee in Österreich von den Kameraden ausgetauscht worden. Wir klammern uns natürlich an diesen Zettel, dass Karl im Gefangenenlager sein soll. Aber nach einigen Wochen schickt uns der Bürgermeister von Oßmannstedt die Sachen von Karl zu: Erkennungsmarke, Soldbuch, Briefe. Trotz dieser Beweise kämpfen wir monatelang mit Hoffen und Bangen, es könnte eine Verwechslung sein. Aber auch die nach Ebensee gesandte Postkarte kommt zurück mit dem Vermerk: „ Nicht im Gefangenenlager in Ebensee."

Ach Karl, du unser jüngster Bub, du musstest zuerst fallen. Noch vor deinem Bruder Walter. Das schneidet mir so ins Herz, dass ich als ein geschlagener Mann meines Weges gehe. Die Mutter will's einfach nicht wahrhaben. Der Zettel muss gelten.

Doch es nutzt nichts, dass wir uns selber etwas vormachen. Wir müssen, ob wir wollen oder nicht, der Tatsache ins Auge sehen. Ich kann meinen Schmerz nach außen nicht kundtun, aber er sitzt tief im Herzen.

Ins russisch besetzte Gebiet zu kommen ist nicht möglich. Da tut uns ein Volkssturmkamerad einen guten Dienst. Er erkundigt sich in Oßmannstedt nach dem Sachverhalt.

In der Nacht auf den 11. April lässt ein junger SS-Leutnant an einer kleinen Brücke über einen Bach ein Geschütz aufstellen (leichte Heeresflak). Das Geschütz gibt <u>einen</u> Schuss ab. Der Amerikaner antwortet mit <u>einem</u> Schuss und da lagen drei Bedienungsmannschaften, zwei tot, einer schwer verwundet. Karl wurde ein Bein abgerissen. Er schleppte sich noch etwa 200 m bis ins nächste Haus. Aber die Bewohner saßen ängstlich unten im Keller und Karl verblutete sich oben im Hausflur.

Die Toten wurden, unter zahlreicher Beteiligung der Bevölkerung, in Einzelgräbern beerdigt. Es liegt der Stahlhelm drauf.

Soweit der Bericht meines Kameraden. Es ist also ohne Zweifel so: Karl musste als unser jüngster Bub zuerst sein Leben lassen. Er am 11. April, Walter am 30. April. Beide hatten am 26. April ihren Geburtstag. Ach, wie greift dies an's Herz, Tag und Nacht verlässt einen der Schmerz nicht. Alles ist beschattet von diesem einen, großen Leid.

Trost aus der Ewigkeit

Nun sehe ich auch bewahrheitet, was ich schon monatelang fragend ahnte oder ahnend fragte: Ist das, was ich im Traum sah, und zwar zweimal sah, ein Zeichen aus der ewigen Welt?

Ich komme aus dem Zimmer, Karl sitzt im Vorplatz: „Ei, Karl, du bist ja da, warum kommst du nicht herein?" Ich nähere mich ihm und will ihm die Hand reichen, da ist er wieder verschwunden. Er hatte mich so treuherzig, vielleicht etwas traurig angeschaut, gesprochen hat er nichts.

Dieses Bild sah ich zweimal innerhalb einiger Wochen ganz deutlich. Wiewohl mir eine Ahnung kam, es könnte ein Gruß aus der Ewigkeit sein, so behielt ich doch dieses Bild für mich. Ich bin nicht sentimental, sondern klar und nüchtern, dem Wort Gottes gemäß eingestellt, besonders in überirdischen Dingen. Ich weiß, der Herr, unser Gott, hat uns die Dinge aus der Ewigkeit für die Ewigkeit vorbehalten. So sollen wir uns genügen lassen an dem, was er uns in seinem Wort offenbart hat.

Aber nun darf ich dieses Bild als einen Gruß aus der Ewigkeit annehmen. Der Zettel mit unserer Adresse muss wohl von einem Kameraden abgegeben worden sein, der ihn monatelang in der Tasche hatte.

Eines Nachts nun, im Traum, kommt einer meiner Buben vorn zur Ladentür herein und begrüßt mich, indem er mir um den Hals fällt und mich so herzhaft drückt. Ich habe dabei ein Wonnegefühl, dass ich sagte: „Nun bin ich aber froh, nun ist mir's wohl, nun bin ich ganz glücklich. Ich denke, nun ist Karl heimgekommen, nun ist alles gut." Als er mich dann loslässt, schaue ich ihm in die Augen. Es ist Walter, nicht Karl. Wir schauen uns so verständnisvoll an. Es ist mir, als ob Walter sagen wollte, vielmehr sein Blick sagt mir: „Es ist gut so." Das Merkwürdige ist: Der Blick sagt alles. Es ist gerade so, wie wenn ich jemand verständnisvoll zunicke, da bedarf es keiner Worte.

Dieses Bild sagte mir: Er ist zufrieden. Und wenn es ihm dort so wohl ist, wie mir es war bei seiner Begrüßung, dann ist er glücklich, glückselig oder wie soll ich es nennen?

Ich finde in unserer Sprache nicht den passenden Ausdruck für diesen Glückszustand. Aber ich denke an das Wort: „Freude und Wonne werden sie ergreifen und Schmerz und Seufzen wird entfliehen." Ja, wer fasst diesen Zustand in einem Wort zusammen? Freude, Wonne, Glück, Zufriedenheit, Seligkeit, wunschlos glücklich? Ist das vielleicht schon etwas von dem Unaussprechlichen?

Seit diesem Bild nun weiß ich: Unsere Kinder kommen nicht mehr zurück, sie sind nicht mehr unter den Lebenden. Aber die Hoffnung des Wiedersehens ist nicht erloschen, sondern lebendiger denn je. Wir kommen zu ihnen, und wenn wir dann beim Wiedersehen so glücklich sein werden, wie wir es hier im Traum waren, dann sind wir wahrhaft glückselig.

Was sagen mir dieses Bild, bzw. die dreimaligen Begegnungen noch? Wird ihnen Gott, der Herr, erlaubt haben, noch einmal zurückzukehren an den Ort ihrer Liebe und Anhänglichkeit, an den Ort, an dem auf Erden ihr Herz hing, dem sie ihr ganzes Sein und Werden verdanken? Werden sie es gewünscht haben?

Und nun steht eine große Frage brennend vor mir:

Wo sind unsere Kinder in der Ewigkeit?

Kaum jemals in meinem Leben ist diese Frage so brennend vor mich hingetreten. Jetzt stehe ich vor der rauen Wirklichkeit. Auf Erden wünschen wir immer das „Beste" für unsere Kinder. Wie viel mehr wünschen, ja ersehnen wir es für die Ewigkeit. Für mich auf dem realen Grund des Wortes Gottes stehend, erwächst nun die Frage, vielmehr Frage um Frage.

Es sind keine Verstandesfragen, es sind Herzensfragen: Worauf gründen wir unsere Hoffnung, dass sie selig beim Herrn sind? Da nützt kein bloßes Hoffen, da heißt es, nur mit klaren Tatsachen rechnen. Also, ich frage meinen Herrn selber ...

Er spricht zu Nikodemus: „Es sei denn, dass jemand von neuem geboren werde, so kann er nicht in das Reich Gottes kommen." Johannes, Kapitel 3, Vers 3.

Aufgrund dieses Heiland-Wortes ist es unsere innere Überzeugung: Der Mensch muss eine klare Entscheidung und Herzensübergabe an Christus vollziehen, wenn er ins Reich Gottes eingehen will.[9] Nun haben aber unsere Kinder dieses Bekenntnis nie abgelegt. Und da es eine freie Willens-Entscheidung jedes einzelnen ist, so können auch die Eltern, so sehr sie es wünschen, diese Entscheidung nicht herbeiführen.

Sollen die Kinder nun darum verloren sein? Da ringt man nun mit seinem Gott: „Herr, was darf ich hoffen, was darf ich glauben für sie? Sind sie bei dir, hast du sie in Gnaden angenommen?

Der Gedanke, dass sie fern von Gott sein sollten, ist ganz unerträglich. Jesus, hast du nicht gesagt: „Wer zu mir kommt, den werde ich nicht hinausstoßen"?

Und wie kann ich anders glauben, als dass sie sich an dich gewandt haben mit der Bitte: „Herr, gedenke meiner."

Und zudem hast du auch gesagt: „Himmel und Erde werden vergehen; aber meine Worte werden nicht vergehen." Sie haben also auch in der Ewigkeit noch Gültigkeit. Und hat nicht einst ein Mensch, der dich nur kurz kannte, dich gebeten: „Herr, gedenke an mich, wenn du in dein Reich kommst." Und welch herrliche Antwort hast du ihm gegeben: „Wahrlich, ich sagte dir: Heute wirst du mit mir im Paradiese sein."

Oh, ich finde heute diese Worte als das schönste, wertvollste Wort in der ganzen Bibel. Was braucht ein Mensch mehr, als mit seinem Heiland im Paradies zu sein!

Ich suche weiter in meiner Bibel: 1. Petrus, Kapitel 3, Vers 19 steht geschrieben, dass du hingegangen bist und hast gepredigt den Geistern im Gefängnis. Da hast du doch sicher Evangelium, frohe Botschaft verkündigt, dass auch sie, die Toten, nun mit eingeschlossen sind in das Erlösungswerk, das auf Golgatha vollbracht wurde.

So ist also dein Werk an uns nicht abgeschlossen in diesem Leben, sondern du bist der Herr über Zeit und Ewigkeit.

Ich denke weiter an Jesu Wort: Es kommt die Stunde, in welcher alle, die in den Gräbern sind, werden die Stimme des Sohnes Gottes hören, und werden hervorgehen, die da Gutes getan haben, zur Auferstehung des ewigen Lebens, die aber Übles getan haben, zur Auferstehung des Gerichtes. Hier frage ich mich nun: Gibt es ein Menschenleben, das nur Gutes getan hat, oder eines, das nur Böses getan hat? Nach meinen Lebenserfahrungen gibt es das nicht. Es ist vielmehr so, dass in jedem Menschenleben Gutes und Böses beisammen ist.

Wie wird nun gerichtet? Wird das Gute auf einer Waage gewogen und als Gegengewicht das Böse? Auch das kann mich nicht befriedigen. Ist doch auch der Beste und Frömmste nicht so gut und fromm, dass er sich in allem vor Gott rechtfertigen könnte. Er ist im Grund immer auf Gottes Gnade und Barmherzigkeit angewiesen. Auf der anderen Seite ist kein Mensch so schlecht, dass Gottes Gnade und Barmherzigkeit nicht zu ihm hinab reichen würde.

Beispiel: Der Schächer[10] am Kreuz. Ja, dieser Schächer hat mich jetzt in dieser Lage oft beschäftigt in meinen Gedanken. Nicht darum, weil er in der letzten Stunden gerettet wurde, sondern, dass er überhaupt gerettet wurde. Wir wissen nicht, wie lange er Jesu gekannt hatte, vermutlich nur wenige Stunden, vom Urteilsspruch des Pilatus bis hin nach Golgatha. Aber diese kurze Zeit des Beisammenseins mit Jesus hat genügt, einen solchen Eindruck auf ihn zu machen, dass er sich und sein Leben im Licht der Ewigkeit erkannte und bereute.

Wir empfangen, was unsere Taten wert sind. Dieser aber ist himmelhoch über uns erhaben. Ob der Schächer wohl die Antwort Jesu an Pilatus gehört hat: „Mein Reich ist nicht von dieser Welt", wenn er nun spricht: „Herr, gedenke an mich, wenn du in dein Reich kommst."?

Da hat nun der Herr in herrlicher Weise sein Wort eingelöst: „Wer zu mir kommt, den werde ich nicht hinaus stoßen." Sollten wir das nicht auch für unsere Kinder hoffen dürfen? Wir, als Eltern, dürfen nun hoffen, dass wir sie angeleitet haben, <u>wie</u> man zu Gott kommt. Wir durften lehren.

Die innere Umkehr und Heimkehr zu Gott muss jeder Mensch selbst vollziehen. Ich kann nun nicht anders, als unsere hinweg genommenen Kinder täglich in mein Gebet einzuschließen, und ihrer vor dem Thron Gottes zu gedenken. Das hält mich immer ewigkeitsnah. Ich sehe im Geist meine Kinder und weiß, doch welch kühner Gedanke, ich darf wissen: Sie sind beim Herren, sie leben! Sie leben nur in einer anderen Abteilung im Reiche unseres Gottes. Denn das sehe ich nun klar: Für Gott gibt es kein Diesseits und Jenseits, sondern er waltet in Allen und in Allem.

Noch eine weitere Frage taucht auf: Ist der Verlust unserer Kinder eine Strafe Gottes? Auch in der Bibel wird diese Frage aufgeworfen: Wer ist schuld, oder wer hat gesündigt, dass dieser blind geboren wurde? Der Heiland verneinte diese Frage. Es sollen vielmehr die Werke Gottes, die Heilung durch den Sohn Gottes, an ihm offenbar werden.

Was trifft nun bei uns zu? Auf alle Fälle ist es ein Erziehungsmittel unseres Gottes, unsere Blicke in die Ewigkeit hinein zu lenken. Wenn wir auch jetzt noch nicht klar sehen, so warten wir doch auf die Zeit, da wir's erkennen werden, wie er's gemeint.

Für uns ist nun eine weitere Verbindung mit der ewigen Welt da. Wie könnten wir anders, als mit unseren Gedanken, ja mit unserem ganzen Herzen immer wieder hinüber blicken in die ewige Welt! Herr, wie hast du ein Erziehungsmittel angewandt, um uns so nach und nach von dieser Welt zu lösen, und uns dafür das Ewige vor Augen zu stellen!

Der Schmerz um die Kinder hat nun, nach bald einem Jahr, noch nicht aufgehört und wird auch vermutlich noch lange nicht aufhören. Und wenn ich so lange die schwarze Krawatte trage, wie der Schmerz währt, dann werde ich sie wahrscheinlich noch lange tragen müssen.

Wie die Mutter ringt, innerlich ringt, wird an Folgendem klar: Eines Abends höre ich sie, die Losung im Losungsbüchlein lesen. Sie liest so vor sich hin, ich höre noch den Schluss des Liederverses. Wörtlich weiß ich ihn nicht mehr, aber der Sinn ist der: „Herr, ich ergebe mich deinem Willen!" Und dann sagt sie jäh, schmerzvoll aufbäumend: „Ja, aber meine Kinder will ich nicht hergeben."

Der Verstandesmensch mag sie darüber tadeln, der Unlogik zeihen, aber ich sehe dahinter ein innerliches Ringen eines Mutterherzens, das vorerst nicht zurechtkommt mit Gott und Menschen. Es ist der Schrei einer gequälten Seele.

Ich überblicke nun oft unsere Zukunftspläne, die wir mit unseren Kindern hatten. Wir legten den Grund zu einer gedeihlichen Lebensführung: Schule, höhere Schule, Berufsausbildung hatten sie schon hinter sich. Sie könnten nun gerade anfangen, ihren Lebensunterhalt selbst zu verdienen. Walter hatte noch ein

Semester bis zum Ingenieur. Karl hatte vor seinem Einrücken zum Militär die Kaufmanngehilfen-Prüfung gemacht.

Walter war ein begeisterter Klavierspieler. Wenn er auf Urlaub kam, saß er in den ersten Minuten am Klavier. Karl lernte Violine.

Da, nun in dieser Zeit der fertigen Ausbildung, wurden sie aus allem herausgerissen. Menschlich gesehen: alles umsonst! Da fragt man sich nun: Ist das nicht ein Widersinn: Kinder groß ziehen und ausbilden fürs Leben, um sie dann ins Grab zu legen?

Wenn ich etwas von den Buben in die Hand bekomme, so gibt's mir einen Stich durchs Herz, oder besser gesagt, es beschleicht mich eine Wehmut. Ich hole ein Werkzeug aus Karls Werkzeugkasten, oder ich benütze sein Fahrrad oder ich mache eine Bastlerarbeit, so beschleicht mich Wehmut. Ach, Karl, wie warst du doch so geschickt in allem, wie gut könnte ich dich jetzt gebrauchen oder dir diese Arbeit übertragen.

Walter, wie vermissen wir dein allzeit fröhliches und munteres Klavierspiel! Und zurzeit trage ich deinen Flieger-Soldatenrock. Ach, welch ein Widersinn! Es sollen doch nicht die Väter die Kinder beerben, sondern die Kinder die Väter.

Nein, wer löst diese Fragen und Rätsel?

Nun hat uns Gott noch zwei unserer Söhne gelassen, unseren Werner und unseren Friedel, beide schwer kriegsversehrt.

Werner wird sein Leben lang einen steifen Fuß behalten, Fersen-Verletzung. Friedel geht noch an Krücken, zweimalige Schlüsselbein-Operation.[11]

So ist nun unsere Familie ein Rumpfgebilde geworden. Die Kriegsjahre sind über uns dahin gebraust und haben tiefe Furchen gezogen.

Als der Krieg im Jahre 1939 ausbrach, war noch keiner unserer Buben militärpflichtig. Werner war als vorzeitig Dienender beim Arbeitsdienst wegen des anschließenden Medizin-Studiums, Walter 16, Friedel 15, Karl 12 und Edelgard war 8 Jahre, alle noch im Kindesalter. Und wie hat nun der Krieg die Familie verändert, verstümmelt!

Wenn ich nun den Kreis etwas erweitere und über unsere Familie hinweg auf das ganze Volk sehe, auf seine Not und seine Leiden, wer wagt es, dieses zu beschreiben oder auch nur zu schreiben beginnen?

Kommt, kommt, wir wollen wieder vor unseren Gott hintreten und sagen: „Herr, du hast uns verwundet, du wirst uns auch verbinden; du hast uns zerschlagen, du wirst uns auch heilen!"

Anhang

Traueransprache für Karl Sinn

21. Februar 1979

Lebenslauf und geistliches Wort

Liebe Angehörigen, verehrte Trauergemeinde!

Karl Sinn, 1887 in Ammertsweiler geboren, ist in einem gläubigen Elternhaus aufgewachsen. Schon sehr früh fand er durch persönliche Erfahrung das, was die Bibel „lebendiger Glaube" nennt. Das ist für Karl Sinn in seinem ganzen Leben bis zu seinem letzten Atemzug das entscheidende Lebensfundament gewesen.

Bereits mit 10 Jahren in die Evangelisch-methodistische Kirche gekommen, beteiligte er sich 1913 beim Aufbau der Gemeinde in seiner neuen Heimat Offenbach am Main. 1920 verehelichte er sich mit Luise, geborene Scholl. Fünf Kinder wurden den Eheleuten anvertraut, von denen drei Söhne — teils durch die Kriegswirren bedingt — zum großen Schmerz der Eltern schon in jungen Jahren starben. Karl Sinn schreibt in seinen Lebenserinnerungen: „Was sind das für Zeiten, in denen Väter ihre Söhne beerben, wo es doch umgekehrt sein sollte." Diese Erlebnisse haben Karl Sinn durch alle Zweifel und Anfechtungen hindurch im Glaubensleben nur noch gewisser gemacht.

So war und blieb er, solange es seine Kräfte erlaubten, der Gemeinde ein gesegneter Mitarbeiter als Laienprediger, Verwalter und Sonntagsschulleiter.

Bei meinem ersten Besuch Oktober 1977 sagte er mir, dass er sich wie ein Bürger zwischen zwei Welten vorkomme; er sei noch nicht ganz in jener Welt, aber auch nicht mehr ganz hier und so warte er auf die Stunde, wo ihn sein Herr abhole.

Mitte Januar 1979 ließ er mich zu sich rufen und wir hatten ein längeres seelsorgerisches Gespräch. Er teilte mir nach dem gemeinsamen Abendmahl mit, dass der Herr ihm deutlich gemacht habe, dass er jetzt sterben werde. In den folgenden Tagen legte er sich dann auf's Sterbelager und nach 6 Wochen holte ihn sein Herr in die Ewigkeit.

„Herr, nun lassest du deinen Diener in Freuden gehen, denn meine Augen haben den Heiland gesehen," mit diesem Bibelwort könnten wir das Leben von Bruder Sinn beschließen.

Ihn selbst hat sein persönlicher Glaube nie überheblich gemacht. So schreibt er etwa in seinem Lebensbericht: Ich finde die Worte zwischen dem Schächer am Kreuz und Jesus als die schönsten und wertvollsten: „Herr, gedenke an mich, wenn du in dein Reich kommst", und die Antwort Jesu: „Heute noch wirst du mit mir im Paradies sein."

Hier steht eindeutig nicht mehr der selbstherrliche Mensch im Mittelpunkt, sondern der Mensch, der klar seinen Stellenwert vor Gott erkannt hat. Genau das ist es, was einen Menschen zum wahren Menschen macht, was unserem Sinn Mitte und Ziel verleiht, was uns sozusagen über die Abhängigkeit von vorletzten Werten hinaushebt, weil wir von der Erkenntnis des letzten Wertes, der ganz persönlichen Lebensgemeinschaft mit Jesus Christus, erst unsere wahre Identität finden. Denn auf was will der Mensch eigentlich zurückgreifen, wenn er nur sich selbst vorfindet und zum Maß aller Dinge macht? Die Antwort auf die Frage: „Wer bin ich als Mensch?", kann nur vom Ursprung des Lebens, von Gott selbst, gegeben werden.

Der moderne Mensch versucht wissenschaftsgläubig diese Antwort selbst zu geben. Die Ergebnisse dieser pseudoautonomen Antwort sind ebenso erschreckend wie offenkundig auf allen Gebieten: Moderne Rabeneltern lassen ihre Kinder seelisch verhungern und verwahrlosen. Die Sprechstunden der Psychologen, Therapeuten, die Rehabilitationszentren sind auf Jahre hinaus überfüllt. Und die Statistiker beweisen es: Die Frage nach dem Sinn im Leben, nach dem Warum und Wozu eines Menschseins, wird eben nicht mit Tabletten oder Therapiemethoden beantwortet.

Bruder Karl Sinn hat recht, und das ist für Kind- und Kindeskinder ein Vermächtnis, sowie für jeden, der ihn gekannt hat:

Der Sinn im Leben, meine wahres Selbst, meine menschliche Identität finde ich nur unter dem Kreuz Jesus Christi, denn nur hier kann ich als Mensch meine Vergangenheit, alles Unbewältigte, alle Schuld meines Lebens loswerden. „Herr, gedenke an mich, wenn du in dein Reich kommst": Oder „Herr, sei mir Sünder gnädig!".

Solche Bitten bleiben nicht unerhört!

Und nur eine Antwort, die über den Tod hinausreicht, ist eine Antwort für das Leben.

Amen.

Schlusswort

Eines Tages wurde meinem Großvater bei einem seiner geliebten täglichen Spaziergänge schwindelig. Um nicht zu stürzen, hielt er sich mühsam an einer Litfaßsäule fest. Viele Menschen gingen achtlos vorbei – ein Betrunkener, damit wollte niemand etwas zu tun haben. Bis endlich ein Bekannter vorbeikam: „Herr Sinn, was machen Sie denn hier?" Griff meinem Großvater unter den Arm und brachte ihn nach Hause. Danach traute mein Opa sich immer weniger aus dem Haus, bis er eines Tages seine Wohnung nicht mehr verließ.

Seine Hand wurde immer zittriger und schreiben war eines Tages auch nicht mehr möglich.

Die Augen wurden immer schlechter, kein Buch konnte ihn mehr erreichen.

Sein Gehör, vorgeschädigt durch eine Kriegsverletzung, machte ihm die Verständigung immer schwieriger.

Was blieb da noch übrig? Was konnte er tun?

Bei einem unserer Gespräche war er sehr verzweifelt. Wozu sollte er noch leben? Ich erschrak, meinen Großvater, einen so gottesfürchtigen Mann, derart verzweifelt und mutlos zu erleben. Wie könnte ich ihm helfen? In der Hoffnung, ihm durch seinen eigenen Glauben etwas Mut machen zu können, sagte ich: „Liegt das nicht in Gottes Hand?" Aus verwässerten blauen Augen schaute er mich lange an. Und dann, deutlich ruhiger, flüsterte er: „Meinst du, ich sollte Gott vertrauen?" Ergriffen nickte ich stumm.

Von da an nahm er kaum noch Speisen zu sich, trank wenig. „Die Medikamente nehme ich nicht, die helfen mir auch nicht beim Sterben", vertraute er mir eines Tages an. Obwohl ich noch jung war, sprach ich mit niemandem darüber. Er hatte es mir im Vertrauen gesagt und er sollte selbstbestimmt über seinen Tod entscheiden können.

Ich war nicht gläubig wie er und konnte nicht für ihn beten. Stattdessen hoffte ich inbrünstig, mein Onkel werde ihn nicht in ein Krankenhaus bringen.

Als ich meinen Opa eines Abends wieder einmal besuchte, war auch Frau Nehm, die ihn versorgte, bei ihm in der Wohnung. Er rief uns zu sich ans Bett, richtete sich auf und setzte sich an die Bettkante. Wir sollten rechts und links von ihm Platz nehmen. Er legte seine Arme um uns und bedankte sich.

Am nächsten Morgen um 7.30 Uhr erreichte mich ein Anruf meiner Mutter und ich verstand: Er hat sich von uns verabschiedet. Er muss gefühlt oder gewusst haben, dass er sterben würde.[12]

Sigrid Nagel

Danksagung

Ich bin meinem Opa zutiefst dankbar für diesen Lebensbericht und den Ausschnitt aus seinem Tagebuch. Erst jetzt, durch die Arbeit dies kleine Büchlein herauszugeben, habe ich seine Herzensgüte und -wärme, sowie die Kraft und Stärke seines Glaubens wirklich erfassen können. Erst jetzt sehe ich, wie tief er uns in seine Seele blicken ließ.

Danke an meine 91-jährige Mutter und meine Schwester, die einen ersten Abdruck gelesen, ergänzt und korrigiert haben.

Danke an meinen Freund Elmar, der mir tatkräftig zur Seite stand, mit mir über die Worte Jesu sinnierte, meine Abschrift mit dem Original verglich, Vorschläge machte und Fehler korrigierte.

Herzlichen Dank an alle, die diese Zeilen lesen und empfänglich sind für diese berührenden Worte von Karl Sinn.[13]

Anmerkungen der Herausgeberin

---

[1] **Spezereiladen** = Lebensmittel

[2] **Methodistische Kirchen** legen das Hauptgewicht nicht auf Lehren, sondern auf die Gesinnung und Lebensführung. Eine zentrale Rolle der methodistischen Frömmigkeit spielt die Idee der individuellen und freiwilligen Bekehrung. Nach Taufe und Konfirmation wird vor der Gemeinde ein Glaubensbekenntnis abgegeben. Dies ist erst ab dem 18. Lebensjahr möglich. Die persönliche Heiligung erfolgt aufgrund der lebensverändernden Erfahrung der Gnade Gottes und das Wachsen in der Liebe.

[3] Immanuel Gottlob **Brastberger** wurde am 10. April 1716 geboren, wurde Dekan und zählt zu den Begründern des Württemberger Pietismus. Dieser ist nach der Reformation die wichtigste Reformbewegung. Der klassische Pietismus plädierte für einen persönlich-individuellen lebendigen Glauben, bei dem es um die innere Verwandlung des Menschen geht. Und er seine innere Ergriffenheit nach außen strahlt und zu Taten der Liebe strebt.

[4] **Portefeller** ist hessisch für Feintäschner oder Portefeuiller.

[5] **Hörner & Koch** wurde 1911 gegründet und belieferte die Lederwaren-Hersteller mit Spezialpapieren und –pappen. Darüber hinaus wurden Einzelhandel und Industriebetriebe auch mit anderem Verpackungsmaterial und mit Schreibwaren in ganz Deutschland, Skandinavien, Schweiz und Südamerika bedient.

[6] **Braut:** Aus Neuhütten erfuhr Opa, dass er sich beeilen müsse, denn die Luise Scholl liebäugle mit dem Metzger B. Und Oma, die ich nur unter Liesel kenne, hat mir selbst einmal gesagt, sie habe zuvor einen anderen Mann geliebt, ihn aber nicht geheiratet, weil der rechte Glauben gefehlt habe.

[7] Die **Rentenmark** war von 1923 bis 1948 eine Übergangswährung in Deutschland.

[8] **Nieren-OP** Ergänzung aus einem Tagebuch aus Opas Nachlass:
Frühjahr 1935
Unsere Mama sieht schon die ganze Zeit blass und kränklich aus. Dr. (...) verordnet seit Mai unbedingte Bettruhe. Nierenentzündung. Als auch im Juli noch keine Besserung eintrat, empfiehlt er eine Spezialuntersuchung bei einem Urologen.
Das Ergebnis (...) traf uns wie ein Blitz. Die rechte Niere vollständig zerstört und muss durch Operation entfernt werden.

Am 11. Juli brachte ich meine Frau ins Krankenhaus (zu Fuß). Nach zwei Tagen (...) sollte sie vom Professor (...) operiert werden.

Sie lag schon (...) vor dem Operations-Zimmer. Da kommt der Professor und sagt: „Frau Sinn, wir können es heute nicht machen, denn ihre linke Niere ist auch nicht ganz frei." Die Behandlung der linken Niere dauerte dann (...). Inzwischen sagt mir Liesel, dass sie den Glauben habe, dass der Herr sie auch ohne Operation heilen kann. Nun stehe ich natürlich wieder einer ganz neuen Situation gegenüber. Ja, ich selbst habe feste Überzeugung und den unerschütterlichen Glauben, dass unser Herr und Heiland, Jesus Christus, heute noch genauso wie damals seine Wundermacht vorzeigen kann.

Aber nun beginnt für mich das Ringen: WILL er es tun? Am Sonntagnachmittag bewegte ich das, was uns (...) morgens in der Sprechstunde mitgeteilt [wurde], (...) in meinem Inneren. Ich war mit meinen Buben in den Wald gefahren mit den Rädern. Während dem sie sich in der Kiesgrube die Zeit vertrieben, rang ich im Dickicht des Waldes mit meinem Gott. Ich wollte Gewissheit haben. Das Ende dieses Ringens war zwar nicht die Gewissheit, wie es Gott machen wird, aber die innere Freudigkeit zu Gott, dass er sich herrlich erweisen wird. Klar und deutlich stand das Bibelwort vor meiner Seele: Rufe mich an in der Not, so will ich dich erretten und du sollst mich preisen. Die nächsten Tage brachten dann ein neues Hoffnungsbild. Die Ärzte sagen, Frau Sinn, sie müssen drei Nieren haben, denn der Urin ist heute auch bei der vereiterten Niere vollkommen klar. Eine neue Röntgenaufnahme zeigt zwei Harnleiter aus der einen Niere. Der Oberarzt (...) sagt, es ist also möglich, dass hinter der kranken noch eine gesunde Niere liegt. Sie würden also durch eine Operation gar nichts verlieren, sondern hätten dann wieder zwei gesunde Nieren.

Daraufhin entschließt sich meine Frau ganz unglaublich schnell zur Operation. Sie lässt mich mittwochabends ins Krankenhaus kommen und erklärt mir, sie hätte sich morgen zur Operation angemeldet. Was sollte ich da nun sagen? Überraschung, Überraschung!

Wir befahlen sie der Gnade Gottes. Wie gut ist's, wenn man beten kann.

Am Donnerstag, den 11. August, 9 Uhr morgens, wurde die Operation durch Dr. (...) ausgeführt. Um halb 11 Uhr telefonierte er: „Die OP ist gut verlaufen, ihrer Frau geht es gut". Ja, wie gut es einem Operierten geht, das sah ich um halb 1 Uhr. Keine Lebensfarbe, kaum ein Öffnen der Augen. Jeder Pulsschlag kann der letzte sein.

Doch es ging dann von Tag zu Tag besser. Die vermeintlich dritte Niere hatte sich leider als keine selbständige erwiesen und musste auch entfernt werden. So konnte meine Frau am 29. August das Krankenhaus wieder verlassen.

Die ganze Familie hat eine schwere, aber erfahrungsreiche Zeit hinter sich. Wir durften Gottes gnädiger Durchhilfe und viel Mitgefühl und Anteilnahme erfahren. In solchen Zeiten lernt man seinen Gott und auch die Menschen besser kennen. Eine große Hilfe war uns unsere Oma [Hrsg.: Christine, die Mutter von Liesel]. Sie war in dieser Zeit der Grundpfeiler im Haushalt. Auch wirtschaftlich sind wir gemäßigt durchgekommen. In einem anderen Krankenhaus wären wir wohl auf die doppelten Kosten gekommen. In allem Gottes liebende Vaterhand.

[9] Diese Schlussfolgerung meines Opas konnte ich nicht nachvollziehen. Was hat Wiedergeburt mit bewusster Entscheidung zu tun? Also habe ich gelesen, wie es in der Bibel bei Johannes im 3. Kapitel weitergeht. „**Nikodemus** spricht zu ihm: Wie kann ein Mensch geboren werden, wenn er alt ist? Kann er auch wiederum in seiner Mutter Leib gehen und geboren werden? Jesus antwortete: Wahrlich, wahrlich ich sage dir: Es sei denn, dass jemand geboren werde aus Wasser und Geist, so kann er nicht in das Reich Gottes kommen. Was vom Fleisch geboren wird, das ist Fleisch; und was vom Geist geboren wird, das ist Geist."

Meine Erklärung: Der Mensch muss sich kraft seines Geistes bewusst für Gott entscheiden, um an der göttlichen Gnade teilhaben zu können. Einfach nur kraft seines Fleisches, also weil er halt da ist und vor sich hinlebt, reicht dafür nicht.

[10] **Schächer** - ein veraltetes Wort für Räuber, Verbrecher.

[11] **Friedel** starb am 18. Juni 1952 nach einem Motorrad-Unfall, ein Autofahrer hatte ihm die Vorfahrt genommen. Mein Vater erzählte mir, Opa hätte Friedel nie verziehen, ihn auf diese Weise verloren zu haben. Mein Großvater hielt Motorradfahren für leichtsinnig, insbesondere da Friedel aus dem Krieg ein steifes Bein zurückbehielt. Doch erfolglos hatte Opa versucht, ihn davon abzubringen.

[12] Mit meinem Opa starb für mich das **Bindeglied** zu unseren Verwandten. Die großen Feste von früher waren vorbei.

[13] Ich freue mich über Kontaktaufnahme, Rückmeldungen, eigene Berichte, Fragen an: birke.elia.milan@gmx.de.